LES
HUIT CANONS

DU

Château de Broglie

ÉPISODES INÉDITS SUR LA RÉVOLUTION

A BERNAY

RECUEILLIS PAR E. VEUCLIN

BERNAY

IMPRIMÉ PAR E. VEUCLIN

EN L'AN 1881

(8)

LES
HUIT CANONS

DU

Château de Broglie

ÉPISODES INÉDITS SUR LA RÉVOLUTION

A BERNAY

RECUEILLIS PAR E. VEUCLIN

BERNAY

IMPRIMÉ PAR E. VEUCLIN

EN L'AN 1881

LES HUIT CANONS

DU
CHATEAU DE BROGLIE

En 1789, l'antique château de Broglie, acquis en 1716 par l'illustre famille de ce nom, possédait, depuis 30 ans, huit pièces de canon données au duc Victor-François de Broglie, dans les mémorables circonstances suivantes qu'il nous a paru bon de rappeler à nos concitoyens.

Le 23 Juillet 1758, le général Victor-François de Broglie, alors âgé de 40 ans et qui depuis 24 servait dans les armées de Louis XV, joignit, à Sandershausen, un corps de 8 000 Hanovriens, le mit en fuite, en tua 2 500 et fit un grand nombre de prisonniers. Le roi témoigna sa satisfaction au vaillant général en lui faisant présent de 4 pièces de canon prises dans cette bataille.

L'année suivante, le 13 août 1759, le même général soutint encore un combat glorieux contre les Hanovriens commandés par le prince Ferdinand de Brunswick, en repoussant 40.000 hommes avec 23.000 Français qu'il avait. Le roi lui donna encore 4 des canons pris à l'ennemi.

Ces dernières pièces étaient en bronze et pesaient : la 1ère 2.040 livres ; — la 2e 1.850 livres ; — la 3e 900 livres ; la 4e 805 livres. Nous ignorons le poids des 4 premières. Toutes avaient : affût, lanterne, refouloir, écouvillon, levier. Il y avait en plus, pour les 8 pièces : 1 avant-train et 2 tire-boures.

Le maréchal de Broglie fit transporter à son château ces 8 canons sur lesquels fut ciselée une inscription relatant les circonstances du don royal.

Pendant 30 ans, ces canons restèrent oubliés, mais les évènements de la Révolution firent se souvenir de leur présence et nécessitèrent leur déplacement immédiat.

Il nous a paru intéressant de reproduire en leur entier les documents inédits et précieux qui donnent encore plus de relief à cet important chapitre d'histoire locale.

I

La prise de la Bastille (14 Juillet 1789),
et la réorganisation des milices, causè-
rent, dans toute la France, une effervescence dont les effets se firent particulièrement sentir dans notre contrée, à cause surtout des canons du château de Broglie.

Dans la vaillante ville de Bernay, l'or-
ganisation de la milice eut lieu le 21 Juillet.

Le 26, un groupe de citoyens repré-
sentent au Comité électif que la ville a
un pressant besoin de se garder par des
citoyens sûrs et fermes, et que, pour le
bon ordre et sûreté de la ville, demandent
qu'il soit fait une députation à la maison
de Broglie pour obtenir de ces Messieurs
la quantité de 4 pièces de canon, sous la
caution de la ville, avec les autres armes
et fournitures qu'ils pourront fournir, priant le Comité de mettre touten activité,
étant informés que d'autres villes ont le
même projet et pourraient les devancer.
Cette requête est immédiatement trans-
mise aux princes de Broglie, dont le père,
à qui les canons avaient été donnés, était
à ce moment ministre de la guerre. Le
jour même, les princes font la reponse
suivante :

Messieurs,

Nous sommes très sensibles aux marques d'intérêt que vous venés de nous faire donner dans la circonstance présente, et nous pouvons vous assurer que notre père l'apprendra avec reconnoissance . Nous vous verrions avec plaisir dépositaires des canons qui sont ici, mais nous avons l'honneur de vous observer que leur déplacement pourroit occasionner beaucoup d'allarmes dans ce canton, et affecter particuliérement les habitans de Broglie, qui pourroient croire qu'on suspecteroit leur fidélité, dont ils nous ont donné dans le moment présent les marques les moins équivoques.

Nous avons l'honeur d'être avec une respectueuse reconnoissance.

Messieurs

Vos très-humbles et très obéissants serviteurs

L'abbé Maurice Prince de Broglie

Le Prince Victor de Broglie

Broglie, ce 26 Juillet 1789.

Le 27, M. Mérimée fils, avocat, demeurant au château de Broglie, expose, en réponse à la lettre du 26 adressée aux princes de Broglie, que ceux-ci ne croyaient pas le danger assez pressant et qu'ils croyaient devoir déférer au vœu des habitants du bourg de Broglie de conserver leurs canons, mais que ne pouvant douter, d'après les nouvelles qu'ils avaient reçues de différents endroits, qu'il se formait des attroupements irréguliers et non autorisés pour enlever ces 8 canons, ils en informaient le Comité afin qu'il prît les mesures nécessaires pour prévenir l'enlèvement ; qu'ils désiraient que ces canons, que les habitants du bourg seraient dans l'impuissance de conserver, et qui seraient une occasion continuelle d'alarmes et attireraient contre eux l'effort des compagnies irrégulières qui se proposaient de s'en emparer, fussent transportés en lieu sûr, mis sous la sauvegarde de la ville et ne fussent employés que suivant le vœu de la nation et à la défense des citoyens.

Le Comité, séance tenante, arrête que 4 de ses membres se rendraient, le lendemain matin, auprès de MM. les princes de Broglie pour les remercier de la démarche qu'ils faisaient faire, de leur affection et attachement aux intérêts et à la sûreté de la province, de leur prévoyance et de leur confiance dans les dispositions du Comité.

De suite, le Comité écrit à la municipalité de Broglie, l'invitant à recevoir et entendre les 4 députés qui se rendront près d'elle pour lui offrir leur secours et l'assistance de la ville.

Le 28, la députation rend compte de sa mission au Comité. La municipalité de Broglie approuve ce qui est proposé ; néanmoins quelques uns se sont retirés et rendus au château où on leur a confirmé la sagesse des dispositions que l'on concertait et la nécessité de les exécuter avec célérité. La plupart déclarent ne former aucune opposition au transport des canons ; cependant, un sieur Chanu fils m tanneur propose de partager les pièces de canon entre plusieurs villes et qu'il fallait en laisser 2 dans le bourg. Chanu cherche par les propos les plus vifs et par des menaces a faire prévaloir son opinion qui a été rejetée par le général des habitants, et néanmoins il a dit publiquement que les canons ne seraient pas déplacés et qu'il arriverait bien des choses auparavant.

Les députés se rendent ensuite au château où MM. les Princes de Broglie leur mirent aux mains la déclaration suivante :

Nous, Maurice Jean Madeleine abbé Prince de Broglie et Victor Amédée Marie Prince de Broglie, considérans que les huit pièces d'artillerie, qui sont au chateau de ce lieu, ont donné lieu à différens attroupemens dans les villes voisines, et même au millieu de la Capitale, dans la vue d'en faire l'enlèvement ; pénétrés de la plus vive reconnoissance de l'offre généreuse qui nous été faite, il y à plusieurs semaines, par le Comité de la ville de Bernay de prendre ces huit canons, sous la sauve-garde de leur ville; informés que dans ce moment une troupe de gens sans aveu conservent encore à Paris le projet d'en tenter l'enlèvement ; désirant surtout prévenir l'effusion du sang de tous les citoyens en général, et particulièrement les habitans de ce lieu, dont les forces n'égalent pas le zèle et le dévouement. Nous décidons à profiter des offres que la ville de Bernay à bien voulu faire renouveller dans ce jour, par l'organe de Messieurs Lindet, président du Comité, de Marsenne, colonel de la Milice bourgeoise nationale de la même ville, et de la Soisière et Follin, membres du même Comité; En conséquence autorisons autant qu'il est en notre pouvoir, à l'absence de nos parents, Messieurs les députés susdits à exprimer au Comité de la ville de Bernay que nous verrons

avec la reconnoissance la plus sincère, que la
ville de Bernay soit dépositaire des canons cy-
dessus, pour la réclamation desquels, lorsque
des temps plus tranquiles le permettront, nous
les prions de vouloir bien nous faire délivrer
tous actes nécessaires.

Maurice Jean Magdeleine abbé de Broglie
Victor Amédée Marie Prince de Broglie.

Les émissaires des brigands et des compagnies se repandent de tous les côtés,
et l'un arrivé à Broglie depuis dix jours et
détenu depuis son arrivée, est visité par
les 4 députés qui l'ont interrogé et se
sont convaincus « qu'il devoit ètre interrogé avec beaucoup d'attention »·

Le Comité invite M. de Marsenne a faire assembler la garde volontaire de Bernay pour exécuter, dans le jour, le transport des canons ; 5 compagnies averties
se rendent avec leurs officiers sur la place. M. Duroy, major, concerte l'ordre et
la marche pour le départ ; les chevaux et
les voitures sont disposés.

A ce moment, se présente le sieur
Chanu avec un domestique de M. l'abbé
de Broglie ; le domestique remet au Comité la lettre suivante :

Messieurs.

Nous voyons avec la plus vive douleur, que
les offres généreuses de la ville de Bernay, que
la reconnoissance nous a portés a accepter dans
l'espoir d'assurer la tranquilité publique, dé-
viennent en ce moment le principe d'une fer-
mentation allarmante. Le tocsin sonne dans cette paroisse ; des particuliers sont dépéchés pour
les villes voisines, afin de prévenir l'enlèvement de nos canons.

Nous vous conjurons, Messieurs, au nom de tous les plus grands intérêts, de suspendre vos dispositions. Nous ne survivrions pas à la douleur de voir vos offres amicales être la cause d'un trouble civil.

Nous sommes, avec autant de respect que de reconnoissance,

Messieurs,

Vos très-humbles et très-obéissants serviteurs.

L'abbé Maurice de Broglie.

Le Prince Victor de Broglie.

Broglie, le 28 août 1789, 3 h. 1/2 après-midi.

Chanu déclare qu'on sonne le tocsin dans toutes les paroisses du duché de Broglie et qu'on s'opposerait de vive force au déplacement et au transport des canons ; malgré cela, il est repondu par acclamation générale qu'on ne devait pas différer un seul instant le départ et que MM. les officiers devaient se mettre à la tête du corps qui se met en mouvement après avoir mis Chanu en sûreté.

Le corps arrivé a tourné le bourg de Broglie sans y entrer et a dirigé sa marche vers la porte des écuries.

M. Lindet a quitté sa compagnie pour se rendre au château et prévenir Messieurs les princes de Broglie de l'arrivée du corps. Toutes les personnes du château paraissaient consternées. MM. les princes de Broglie ont déclaré qu'ils étaient dans la plus grande perpléxité, qu'ils appréhendaient les suites du mécontentement de quelques habitants de leur bourg. M. Lindet leur a repondu que le corps armé entrait et allait faire les plus promptes dispositions pour le déplacement et le transport des canons. Il s'est retiré et a repris la tête de sa compagnie.

M. le colonel et M. le major ont fait entrer 3 compagnies dans le parc et dans la cour du château : une compagnie s'est emparée de la rampe qui descend au bourg, une autre est entrée dans « la rangée », dans la grande avenue, une autre est entrée dans la cour où étaient les pièces d'artillerie : 2 autres compagnies ont été placées en dehors sur une éminence qui commande au château et en est séparée par un vallon, et un piquet d'observation a été placé à plus grande distance.

On a formé les attelages pour le transport des canons; le corps s'est retiré en ordre. M. Lindet a averti du départ du corps et du transport de l'artillerie, MM. les princes de Broglie qui lui ont demandé une expédition du procès-verbal que le Comité dresserait.

Puis, on laisse à Chanu la liberté de se retirer.

Le corps est arrivé en ordre, à Bernay, après minuit, amenant les 8 pièces de canon qui ont été déposées sur la place et gardées.

On a observé que l'on a sonné le tocsin, à Broglie, depuis le retour des députés jusqu'au moment de l'arrivée du corps des volontaires.

Pendant les préparatifs du transport des

canons, 2 députés de la ville d'Orbec se sont présentés et ont déclaré à MM. les officiers que le bruit s'était repandu que des étrangers et des inconnus s'emparaient du château et que la ville s'armait, ils se retirent après avoir reconnu les volontaires de Bernay et l'état du corps.

Le même jour, par mesure de prudence, le Comité électif de Bernay écrit à l'Assemblée municipale et électorale de Rouen pour l'informer que les volontaires ont amené les canons de Broglie, « sans accident et sans trouble ».

Le Comité termine ainsi sa lettre :

« Nous vous prions de vouloir vous em-
« ployer a détourner et dissiper les forces
« que l'on se proposoit de diriger contre
« le bourg ou château de Broglie et les
« lieux voisins, à cause des canons ».

Deux lettres à peu près semblables sont adressées par le Comité de Bernay, le lendemain (29) : la première au marquis de La Fayette ; la seconde à Bailly, maire de Paris ; une troisième est envoyée à la municipalité de Broglie, pour se plaindre de ce que l'on avait fait sonner le tocsin depuis le départ des députés jusqu'à l'arrivée du corps des volontaires chargé d'éxécuter le transport des canons ; priant de faire l'information la plus prompte et la plus authentique pour constater quel est l'auteur du trouble qui s'est élevé, des discours séditieux qui ont été tenus, etc.

L'émotion populaire causée par l'enlèvement des canons, est confirmée par le fait suivant, consigné dans les registres du Comité électif : Ledit jour, 29 août, le nommé Desmarets, bourgeois de Bernay, déclare que, la veille, vers 7 heures 1/2 du soir, revenant de la forge de Ferrière, il fit la rencontre du sieur Fournier, de la paroisse de Ferrière et garde-chasse de M. le maréchal de Broglie; lequel Fournier, armé d'un fusil à deux coups, après avoir apostrophé le plaignant lui dit : « tu est « de la sacrée caballe qui est venue hier « voller les canons de M. le Maréchal, et « le menace de lui faire payer lui seul pour « tous ceux qui avaient, disait-il, yollé « les canons du château de Broglie et qui « venoient de l'insulter encore à Bernay « où ils l'avoient détenu longtems ». Le procès-verbal de cette agression signale « l'état d'effervescence des habitants de « la ville et des campagnes, la force et « la vivacité des impressions ».

Le même jour, (29), le Comité envoie une expédition du procès-verbal du 27 à MM. les princes de Broglie qui en accusent réception en ces termes :

Messieurs.

Nous avons reçu hier, à huit heures du soir, la lettre dont vous nous avés honorés, avec l'expédition du procès-verbal de la translation et du dépôt, dans la ville de Bernay, des huit pièces de canon du château de Broglie.

Si quelque chose pouvoit accroître notre reconnoissance, ce seroit les nouveaux témoignages d'intérêt que vous nous exprimés avec tant de sensibilité. Si une émotion de quelques heures, dans ce bourg, a pu nous causer des inquiétudes réciproques, la tranquilité avec la-

quelle vous avés éffectué ce déplacement, a du
vous convaincre ainsi que nous, Messieurs, qu'
elle n'étoit que l'explosion momentanée d'une
douleur trop vivement sentie, que ses motifs
pouvoient rendre excusable.

Nous n'oublierons jamais, Messieurs, qu'en
offrant, la première, un asile à des enfants cons-
ternés de la séparation la plus douloureuse, la
ville de Bernay prit sous sa sauvegarde le gage
précieux des combats de leur Père, pour la défense de l'État. Puissent bientôt des jours plus
calmes le mettre à portée de vous offrir avec
nous un hommage digne de votre dévouement.

Veuillés bien, Messieurs, être les interprètes
de ces sentiments auprès des habitans que vous
présidés, et agréer particulièrement l'assuran-
ce du respect, dont nous sommes pénétrés pour
vous, et avec lesquels nous avons l'honneur
d'être,

Messieurs.

Vos très-humbles et très-obéissants serviteurs.

L'abbé Maurice de Broglie.

Le Prince Victor de Broglie.

Au château de Broglie, le 30 août 1789.

Copie de la réponse du Comité à la
précédente :

A Bernay, à l'hôtel de ville, le 31 août 1789.

Messieurs.

Nous allons faire part à nos concitoyens de
la lettre que vous ayez bien voulu adresser au
Comité. Nous sommes tous enflammés du même zéle et pénétrés des mêmes sentiments : la
lecture de la lettre dont vous nous avez honorez
excitera un attendrissement général. Nous con-
serverons, Messieurs, le dépôt que vous nous
avez confié. Si la ville se trouve exposée a
quelque entreprise, elle emploira ses forces et
tous les moyens qui sont à sa disposition pour
faire respecter le dépôt dont elle est saisie et

qui sera inviolable sous sa sauvegarde. C'est un monument (*mots biffés : de la gloire de Mʳ de Broglie*) de la confiance dont vous nous honorez et de notre dévouement pour l'honneur et l'intérêt de la nation.

Nous permettriez-vous, Messieurs, d'envoyer chercher les écouvillons, les refouloirs, et toutes les pièces nécessaires pour faire usage des canons, si la nécessité de repousser des ennemis nous obligeoit de nous en servir. Ce seroit le seul cas ou nous en ferions usage. Vous connoissez, Messieurs, nos sentiments, il ne peuvent changer.

Nous sommes, etc.

Par une lettre adressée, le lendemain, (1ᵉʳ septembre), à la municipalité de Broglie, le Comité de Bernay déclare qu'il ne se départira jamais des principes qui font la base de la tranquilité publique ; la dite lettre finit ainsi : « Nous allons ren- « dre compte à l'Assemblée nationale, à « la province, de ce qui s'est passé au su- « jet du transport des canons du château « de Broglie. Si nous avions des torts « nous nous empresserions de les réparer: « si l'on en a vis-à-vis de nous, nous « nous ferons un devoir d'attendre la jus- « tice de la nation et de la province ».

Réponse des princes de Broglie à la demande des accessoires des canons :

Messieurs.

Nous ignorons ce qui existe ici d'écouvillons, de refouloirs, et d'instrumens pour charger les canons, Notre artillerie n'étoit plus destinée à servir à des combats, et nous formons les vœux les plus ardens, pour que vous ne soyez jamais contraints d'en faire usage. Nous allons Messieurs, donner ordre de rassembler ce qui existe pour le remettre à la personne que vous chargerez de les venir prendre. Nous pensons que la prudence exige que le transport ne s'en fasse que la nuit afin d'éviter tout ce qui pourroit rappeller des souvenirs chagrinans pour quelques personnes et de cimenter de plus en plus la paix et la tranquilité qui règne autour de nous. Il sera nécessaire d'envoyer une petite voiture avec un seul cheval et de prévenir le conducteur de s'adresser chez le Sr Krechel, qui lui remettra le tout. Soyez toujours persuadés, Messieurs, de tous les sentimens de reconnoissance, d'attachement et de respect avec lesquels nous avons l'honneur d'être,

L'abbé Maurice de Broglie

Victor Prince de Broglie

Broglye ce 1er septembre 1789.

Le 3 septembre, le Comité envoie le sieur Caron, aubergiste à Bernay, avec sa voiture, pour chercher les écouvillons, refouloirs et autres instruments pour charger les canons.

Les princes de Broglie en sont informés par une lettre du Comité leur annonçant, en outre, qu'un état éxact des pièces d'artillerie et des instruments de charge leur sera envoyé ; cette lettre finit ainsi :

Puissions-nous bientôt dans une paix profonde vous offrir pour la gloire et la prospérité, ces vœux ardents que nous faisons pour votre tranquilité et le repos que rien ne pourra troubler, si nos efforts ont tout le succès que le zèle, la prévoyance peuvent promettre.

Quatre jours après, le Comité envoya aux Princes, l'état avec une lettre dont voici la copie.

Messieurs les Princes de Broglie,

Nous avons l'honneur de vous envoyer un état des pièces d'artillerie et des instruments de charge, que vous nous avez fait l'honneur de nous confier. C'est un dépôt sacré; nous justifierons, Messieurs, la confiance que vous avez en nous. Nos concytoyens ont entendu avec attendrissement la lecture de la lettre que vous nous avez fait l'honneur de nous adresser le 30 du mois dernier ; ils sont tous pénétrés des sentiments que vous nous avez exprimés; ils forment tous des vœux pour vous: leur zèle surmonteroit tous les obstacles, s'il étoit en leur pouvoir de contribuer à votre tranquilité et à votre satisfaction.

Vous avez bien voulu faire connoitre nos sentiments à M. le Prince de Broglie, votre frère, nous sommes sensiblement touchés de ceux dont ils nous assure. Nous avons l'honneur de lui adresser nos remerciements, nous vous prions, Messieurs, de continuer d'être nos interprêtes auprès de lui.

Nous sommes, etc.

Ce frère dont il est question, est le Prince Claude-Victor, fils aîné du maréchal, et qui, en 1789, était député aux Etats généraux ;

Voici la lettre que le Comité lui adresse le même jour :

Monsieur le Prince de Broglie,

Vous avez toujours connu la véritable gloire, vous avez toujours été humain et bienfaisant. Lorsque la rivalité des nations a menacé d'embraser les deux hémisphères, vous avez volé sur les traces des héros. Vous avez acquis, Monsieur, de grands droits à notre reconnoissance, vous avez préféré le titre de François et de citoyen à tous les autres titres; votre patriotisme vous a gagné tous les cœurs. Messieurs les Princes de Broglie, vos frères, dont la conduite digne du plus grand éloge, mérite notre admiration et excite le plus vif intérêt, ont rempli nos desseins, en vous faisant connoître les sentiments dont nous sommes pénétrés.

Le dépôt des huit pièces d'artillerie et des instruments de charge, du château de Broglie est bien précieux. C'est un monument de confiance dont nos concitoyens s'honoreront dans tous les âges. Lorsque des tems plus heureux rendront inutiles toutes les précautions de sûreté, et que nous cesserons d'être dépostaires, nous, nous rappellerons quel sentiment nous a portés a accepter ce dépôt, dans des temps de trouble, et nous aurons encore à vous offrir l'hommage du zèle le plus ardent et le plus sincère.

Nous sommes, etc.

Dans une lettre adressée, le 28 septembre suivant, à M. le duc d'Harcourt, le Comité de Bernay demande des armes pour plus de 800 volontaires, et il dit qu'il sont dépositaires des huit pièces de canon de M. de Broglie.

La lettre suivante est écrite par les membres du comité de Bernay, le 15 octobre suivant:

Monsieur Bailli, maire de Paris:

Nous vous supplions de nous éclairer sur la conduite que nous devons tenir pour contribuer, autant qu'il est en notre pouvoir, à la tranquillité et à la sûreté publique.

M. l'abbé de Broglie et son jeune frère résident au château de Broglie depuis que M. le Maréchal leur père a été appelé à la Cour. Nous avons concerté avec eux les moyens employés pour effectuer le déplacement et le transport en cette ville des huit pièces d'artillerie qui étoient au château. Nous les avons prises sous notre sauvegarde et pour la sûreté commune, l'orsqu'on étoit menacé de les voir tomber au pouvoir des trouppes irrégulieres qui auroient pu se rendre redoutables dans la province avec ces canons.

Messieurs de Broglie ont vécu jusqu'à ce jour dans une retraitte aussi honorable que conforme à leur situation. Le bruit se répand aujourd'hui qu'ils se proposent de quitter la province. S'ils avoient dessein de se rendre à Paris nous n'en serions pas allarmés, mais on craint ici qu'ils ne sortent du royaume. Les gens d'affaire de cette maison cherchent à réaliser les lettres de change faites ou acceptées par des gentilshommes et différentes personnes qui ne sont pas dans l'usage de faire des affaires.

L'émigration de tant de personnes considérables qui emportent l'argent du royaume sera une playe funeste à l'Etat, si l'on ne parvient à faire envisager à tous les François leur domicile comme un poste d'honneur qu'il ne leur est pas permis de quitter dans ces tems orageux. On atteindroit une partie de ce but, en faisant saisir et arrêter les revenus de tout transfuge.

La correspondance que nous avons entretenue avec Messieurs de Broglie au sujet de leur artillerie a été si remplie d'égards réciproques et de tant de témoignages de confiance, que nous craignons de hazarder aucune démarche que l'on puisse désapprouver.

Si l'on croyoit qu'il fut utile de prévenir leur départ, nous ouvririons une nouvelle négociation pour les engager à venir résider en cette ville, et nous serions assurés par toutes les précautions que nous saurions prendre, qu'ils n'iroient pas consommer leurs revenus ni transporter leurs meubles et leurs effets chez nos ennemis.

Permettez-nous, Monsieur, de vous demander ce que nous devons faire, et ce que pourroit exiger de nous dans les circonstances actuelles le bien du service, nous nous empresserons de nous conformer à vos instructions, et au vœu de Messieurs les représentants de la commune de Paris.

Le désir de la Municipalité de Bernay ne se réalisa pas ; le Maréchal de Broglie et ses deux fils émigrèrent peu après les évènements que nous venons de rapporter. Seul, le prince Claude-Victor resta en France où il paya de sa vie, sur l'échafaud, cinq ans plus tard, son dévouement pour le peuple et sa fidélité à la Royauté.

Revenons aux 8 canons.

II

Dans une notice spéciale, intitulée : *L'artillerie de Bernay*, nous avons constaté la présence, dans cette ville, jusqu'en 1781, des 4 pièces de canon qui, pendant plus de 200 ans, avaient armé le fort de l'Abbaye, appelé La Grosse Tour. Or, à partir de 1781, nous n'avons plus trouvé aucune mention de ces canons et nous sommes convaincu qu'ils n'étaient plus à Bernay en 1789, comme le prouvent les faits suivants Qu'avait-on fait de ces antiques canons qui remontaient probablement au premier âge de l'artillerie ?

Quant aux canons de Broglie confiés en dépôt à la ville de Bernay, voici ce que nous avons recueilli sur ces glorieux témoignages de la haute valeur militaire d'un des hommes les plus éminents de notre cher Pays.

III

En 1789, 1790 et 1791, ces bouches de bronze mêlent leur puissante voix à celle du peuple lors des fêtes civiques qui marquent les trois premières années de la Révolution.

14 Juillet 1790, anniversaire de la prise de la Bastille, a lieu dans toute France une fête nationale ayant pour objet le renouvellement du serment civique. A Bernay, la cérémonie est rehaussée par un train d'artillerie formé, sans nul doute, par les 8 canons du château de Broglie.

16 Février 1791, 17 coups de canon sont tirés à l'occasion de la nomination, à l'épiscopat d'Evreux, de l'abbé Lindet, curé de Sainte-Croix de Bernay.

29 mars suivant, l'évêque Lindet, faisant sa première visite pastorale à Bernay, est salué par 3 coups de canon. Dans le jour et les 2 et 3 avril, plusieurs salves sont tirées à l'occasion de la cérémonie qui a lieu en son honneur.

15 septembre — Fête à l'occasion de l'acceptation de la Constitution par Louis XVI. 3 coups de canon sont tirés, et à la fin du jour, la Société des amis de la Constitution fait tirer une salve de 9 coups.

En 1792, le rôle pacifique et de joie de nos canons change brusquement :

Les troubles qui ont lieu aux environs d'Evreux et qui sont relatés dans une intéressante notice intitulée : *Bernay pendant l'insurrection de mars 1792*, (par F. Malbranche. 1875), amènent le déplacement de l'artillerie bernayenne, car elle porte maintenant ce nom.

6 mars, Evreux, dans la crainte d'une attaque et n'ayant pas de canons, en demande 2 à Bernay avec une cinquantaine de gardes nationaux et des canonniers, ce qui lui est accordé.

8 mars, Lisieux, qui n'avait que de mauvais canons impropres à sa défense, en demande 2 à emprunter à Bernay qui répond qu'elle n'en peut prêter.

4 avril — Il est répondu à Evreux que la commune n'étant que dépositaire des canons qui forment son artillerie, elle ne les peut prêter.

13 avril — Le Directoire arrête que des 2 canons de Bernay étant à Evreux, l'un serait immédiatement renvoyé et l'autre conservé provisoirement.

16 avril. — Le Directoire du département remercie des secours donnés, renvoie 1 des canons et garde l'autre pour sûreté des prisonniers jusqu'à ce que ceux commandés à Paris soient arrivés.

26 mai. — Nomination des officiers des canonniers. M. Chappey Isaac commandt.

18 juin. — Canons confiés au dit pour l'école qui se fait dans l'église abbatiale.

25 juin. — 3 coups de canon sont tirés à l'occasion de la plantation de l'arbre de la liberté.

3 septembre. — La municipalité offre au Gouvernement, pour la défense de la patrie, les 2 pièces de canon les plus fortes du nombre de celles qui sont à la ville.

6 id. — Deux autres canons sont aussi offerts à la ville de Paris, « comme un « gage assuré du civisme de la ville et « de son désir de contribuer de tout son « pouvoir à maintenir sa liberté et repous- « ser la tirannie. »

8 id. — Départ des volontaires de Bernay pour le camp de Saint-Maur, avec 5 pièces de canon ; le capitaine est chargé de remettre les 4 plus grosses à l'Assemblée nationale pour sa défense et celle de la ville de Paris. La 5e pièce et celle restée à Evreux, et que le capitaine reclame en passant, sont attachées à la compagnie de Bernay, et il est bien spécifié qu'elles seront rendues à cette commune à la fin de la campagne. Evreux ne rend pas le canon qu'elle détient depuis mars.

1er Novembre. — A l'occasion des victoires remportées en Savoie, le canon est tiré à Bernay.

1793. — 26 mars. — Jouvin, chef des canonniers, est autorisé à porter à 21 le nombre des citoyens occupés à l'exercice des 2 pièces de canon qui sont en cette commune, et à les faire exercer 2 fois la

semaine ; 10 sols de gratification sont ac-
cordés à chacun des canonniers pour cha-
que exercice, et 20 sols au chef.

IV

Résumons : Sur les 8 canons confiés, en
1789, par les Princes de Broglie à la ville
de Bernay,

    1 des petits est gardé par Evreux qui
      le conserva pendant 8 ans,
    4 sont offerts à la nation ; nous ne sa-
      vons ce qu'ils devinrent,
    1 est donné aux volontaires de Ber-
      nay ; cette pièce n'alla qu'à Evreux,
    2 restent à Bernay.

Le 22 vendémiaire an 1V (14 8bre 1795),
le Comité de salut public de Paris prescrit
que toutes les pièces d'artillerie qui se
trouvent dans les communes environnan-
tes, à 30 lieues de rayon, sont à la disposition de la Commission des armées de
terre, et invite l'agent national de Bernay
à s'occuper de la formation de l'état demandé.

Nous pensons que les deux canons que
Bernay possédait encore à cette date, furent transportés à Paris, par suite de l'arrêté ci-dessus.

Quatre ans plus tard, Bernay réclame
à Evreux les 2 canons qu'elle détient depuis plus de 6 ans ; le 9 brumaire an VIII,
(31 octobre 1799), Evreux repond :
« nous voudrions pouvoir vous rendre

« vos canons, mais lorsque vous les envo-
« yâtes, vous ne fites qu'exécuter un or-
« dre du ministre de la Guerre, antérieur
« de plus de 6 mois à notre arrêté du 5
« messidor.

« Aussitôt que la tranquilité publique
« ne nous paroîtra plus exposée, nous fe-
« rons tout ce qui sera en notre pouvoir
« pour qu'ils vous soient rendus, et s'il
« falloit les employer, dans ce départe-
» ment, contre les brigands qui voudroient
« le ravager, nous indiquerons au Géné-
« ral commandant dans ce département
« la brave compagnie de canonniers que
« nous savons exister dans vos murs pour
« leur en confier le service ».

Le 25 nivôse an VIII (15 janvier 1800),
300 chouans environ s'emparent du Sap
et massacrent la municipalité ; des secours
sont demandés à Bernay qui reclame ses
2 canons, pour la seconde fois, à Evreux.

La reponse suivante lui est faite, le 27
nivôse, par l'Administration centrale de
l'Eure :

« Nous sommes fâchés de ne pouvoir
« déférer à la demande que vous nous
« faites, au nom du bien public, de vous
« renvoyer vos canons. Nous n'avons
« point la liberté d'en disposer ; la mesure
« qui vous en a privé étoit le résultat
« d'un ordre supérieur et nous ne som-
« mes mêmes parvenus qu'avec beaucoup
« de difficulté à les conserver au chef-
« lieu du département ».

Une requête est alors adressée au célèbre Carnot, ministre de la guerre, qui, le 16 vendémiaire an IX (8 octobre 1800), répond au maire qu'il ne peut accueillir sa demande de retirer et conserver les 2 pièces de canon restés à Evreux, et il termine ainsi sa lettre : « Ces piè- « ces, proviennent, dans le principe, de « la recherche qui a été faite de ces ob- « jets dans les châteaux environnans et « elles ne peuvent être conservées com- « me propriété des communes qui les « reclament. J'en ai ordonné la rentrée « à l'Arsenal de Paris ».

Devons-nous espérer que, eu égard aux souvenirs historiques qui s'y rattachaient, les 8 canons du château de Broglie n'ont pas été détruits et qu'ils existent encore ?

Terminons cette notice par un trait rapporté par M. Philippe dans son livre : *La Normandie en 1834*, trait qui témoigne de la fine délicatesse et la noblesse de caractère du maréchal de Broglie à qui ces canons furent donnés : Un jour qu'il recevait, à son château de Broglie, la visite du duc de Brunswick et de quelques autres princes étrangers, il fit ôter ces glorieux trophées, afin que la vue de ces dépouilles nationales ne puisse mortifier ses illustres hôtes.

ERREURS

relatives aux 8 canons de Broglie.

Le *Dictionnaire historique de l'Eure,* par MM. Charpillon et Caresme, ne parle que des 4 canons de Sandershausen et il dit qu'ils ornent encore aujourd'hui le château de Broglie, ce qui est faux.

M. A. Goujon, dans sa fameuse *Histoire de Bernay et de son canton,* commet aussi quatre inexactitudes quant il dit que les canonniers de la garde nationale de Bernay avaient 8 pièces de canon, dont leur avait fait présent le maréchal de Broglie, qui les avait prises au combat de Bergen. Or, la vérité est que : 1°, 4 canons furent pris à Sandershausen et 4 à Bergen ; 2°, ce furent les Princes et non le maréchal de Broglie, qui en disposèrent ; 3°, ces canons furent confiés EN DEPOT à la ville de Bernay et non DONNES à la compagnie de canonniers qui n'existait même pas en 1789 ; 4°, les volontaires de Bernay, en allant au secours de la patrie en danger, en 1793, n'amenèrent que 5 canons et non 8 ! ! ! !

L'histoire devant être écrite sérieusement et sur des documents authentiques,

voici ceux qui nous ont fourni les maté-
riaux de cette notice :

Archives communales de Bernay :
Série EE. (Affaires militaires).
 —   BB.. (dernier registre des délibérat^s)
 —   BB. (Registre du Comité électif).
 —   D.   (Registre du bureau).
Premier registre des délibérat^s modernes.
Série H.   (Garde nationale).

IMPRIMÉ PAR E. VEUCLIN EN L'AN 1881.

9 782019 216368